ニーチェ 道を照らす言葉

フリードリヒ・ヴィルヘルム・ニーチェ

Friedrich Wilhelm Nietzsche

新版

イースト・プレス

ニーチェ 道を照らす言葉 ―新版

はじめに

十九世紀ドイツ、精神的な混乱がつづく時代に、ニーチェ（一八四四〜一九〇〇年）は言葉の力で哲学に新しい命を送り込みました。

一八六五年、ライプツィヒ大学で古典文献学を研究していたニーチェは、古本屋で偶然、哲人ショーペンハウアーの著作『意志と表象としての世界』と出会います。この書の虜となり、彼は哲学へ深く傾倒していきました。

その後、スイスのバーゼル大学にて弱冠二十五歳で教授となるも、健康状態が悪化したこともあり三十二歳の若さで大学を休職。のちに大学へ戻ることもなく、執筆活動に打ち込み『曙光』『ツァラトゥストラはこう語った』『善悪の彼岸』など数多くの刺激的な著作を次々と発表します。

ニーチェは「どう生きるか」という問いを考え抜いた人でした。ただ一人〝もっと人間的で、もっと高みにあるもの〟を目指していったのです。

『ツァラトゥストラはこう語った』などの著作で有名な「神は死んだ」という箴言にもあらわれているように、宗教の絶対性の崩壊をニーチェはえぐりだしました。

「神が信じられないなら」と、人々が近代哲学や近代科学へすがりつき、また別の〝真理〟を追究していく姿も描いてきました。

そして、〝絶対的に正しいもの〟をつきつめた果てに、「そのすべてを理解できない」「すべてを理解できたとしても、結局そこにはなにもない」「一切はなんの意味もない」という深いニヒリズム（虚無主義）に至る人間の本質を見抜いていたのです。

このように鋭い洞察力で時代を分析しながらも、「それでも人は生きねばならない。自分の道をひらいていくのだ」と彼は生きることを力強く肯定しました。「よりよく生きよう」と絶望をも乗りこえていく〝生きる強さ〟がニーチェの思想の核だったのです。

「ニヒリズム」「ルサンチマン」「力への意志」「超人思想」「永遠回帰」など独自の切り口で近代哲学の壁を破り、新時代へと扉を開いていく。ハイデッガー、バタイユ、フーコー、ドゥルーズ、デリダをはじめ世界中の哲学者・思想家たちにもニーチェの思想は大きな影響を与え、いまに受け継がれています。

あなたがなにかにつまずいたとき、きっとニーチェの言葉が力になります。「箴言の人」と言われるニーチェの言葉は、彼の生きる葛藤、世界を正しく見ようとする目、バランスの取れた生活ができるようリラックスできるコツ、大きな希望と〝自分の道を切りひらく力〟がつまっている「智恵の贈り物」なのです。

さあ、この本を読み、あなたの未来をひらいてください！

編集部

装画
qp（キューピー）

ブックデザイン
アルビレオ

ニーチェ　道を照らす言葉　目次

はじめに

Ⅰ 自分を高める

鳥のように軽やかに飛び立つ 18
立つことからはじめよ 20
おとなになる 22
高みへのぼる 24
自分をだいじにする 26
じっくり考える 28
生きていることは根拠にはならない 30
後悔しない 32
行動で示す 34
苦悩が世界を切りひらく 36
広い視界で見わたす 38
公正であれ 40
公正のむずかしさ 42
他人のためにふるまう 44
賢くなるために 46
偉大であれ 48
〝生きた〟意見をもつ 50
起源を疑う 52
明快さを追求する 54
恥をかかせない 56
志を高くもつ 58
どんな感情でも大切に 60
孤独のなかをいけ 62
苦しい人生をも肯定する 64

〝なんのために〟で安直に考えない 66
いったん目的を捨てる 68
自分を信じる 70
感情を信じる 72
精神の自由 74
我慢しない 76
自分のことをもっと学ぶ 78
無駄には話さない 80

Ⅱ 強く生きる

強くなりたい、成長したい 84
もがきながらも前に進む 86
偶然は信じるな 88
しあわせの代わりに 90
純粋に笑うこと 92
勇敢に生きる 94
夢によって生きる 96
自分とちがう意見を賞賛する 98
高潔さのしるし 100
権力はうまく使う 102

するどい批判とは 104
名誉を回復する 106
公正さは利己主義から生まれる 108
死を見すえる 110
自分を軽蔑するのは
虚栄心のしわざ 112
生きることを愛する 114
つまらない疑いは無視する 116
意見するために 118
義務を果たす 120
友のために戦う 122
余計な荷物を背負い込まない 124
安易に助けを求めない 126
障害を乗りこえて前へ進む 128
「鳥のように自由に」
なろうと望む 130
人はどうやって強くなるのか 132
一人のときこそ戦う 134
苦行の目的とは 136
笑ってみる 138
考える時間と深さは比例しない 140

III 人間を知る

自分なりの好き嫌いをもつ 144
人をつなぐ人 146
しあわせだと不安になるのは 148
大いなる野望をいだけ 150
だから学者は尊い 152
裏切られる人の気持ち 154
別れるとき 156
意見を人間味ではごまかせない 158
悪者 160
〃力〃しだいで相手は変わる 162
思想はその人自身のあらわれ 164
痛みに人は支配される 166
痛みに屈しない 168
見せしめに人は支配される 170
好みこそが人生を決める 172
自分のことはわからない 174
受動的と能動的 176
愚かな表現 178
欲求不満は生への刺激 180
快、不快は結果 182
基礎から学ぶ 184
聖人について 186

IV 世界は広がる

新しいものは古いもののなかにある 190
世界は底知れぬゆたかな海 192
集団は狂う 194
社会より個人のほうに価値がある 196
格言を味わう 198
国家とは 200
新しい意志を 202
価値ある〃石〃を見つけよ 204
自分の意見をもつ 206
刑罰は復讐である 208
罰を受けたときは 210
終わりと目的地 212
手におえない輩 214
無知を認める 216
ある議論 218
原因か結果か 220
すべてを肯定する 222
契約できない相手 224
全人類をつなぐ目的 226
世界は有限 228
新しい「価値」 230
ニヒリズムとは 232
世界の見方は無数にある 234

V　知を疑う

"こうあるべき"はつまらない　238
決まった一つの道などない　240
道徳は価値あるものの価値をうばう　242
道徳は一つではない　244
道徳は知ったかぶりをする　246
知れば知るほど　248
"道徳"を疑え　250
禁欲の正体　252
"影"の克服　254
奇跡とは　256
意志なく見ることはできない　258
本を読む怠け者　260
生きることを神聖化しない　262
にせの人生　264
デカダンス　266
"進歩"という嘘　268
天国は心の状態　270
道徳という仕組み　272
道徳の型にはまり込む者　274
徳を跳びこえる　276
邪悪な者にも善がある　278
神は"思考禁止令"　280

Ⅵ 愛すること

人間愛 284
許しを超える愛 286
望みをもち、自分を愛する 288
愛しているのは自分だけ 290
きれいごと 292
愛のあかし 294
愛するものと距離をおく 296
自分の愛し方 298
感覚を愛する 300
大きな愛 302
永遠を愛する 304

Ⅶ 心を休める

理由は苦しみを楽にする 308
楽しみのなかで考える 310
自由を手に入れる 312
読書は気晴らし 314
非礼な読者 316
正直な本 318
宇宙を旅せよ 320
気がめいるとき 322

伝える相手を選ぶ　324
夜に見る夢　326
おもしろくなければ　328
良心の痛み　330
失敗も糧になる　332
病気も刺激になる　334
自分だけの徳をもつ　336
しあわせを生みだす小さなもの　338
自由に選ぶ　340
からだは大切　342
くりかえしたいと思う　344
人生を生きる
ニーチェ年表　346
参考文献　348

I

自分を高める

鳥のように軽やかに飛び立つ

人間にとっては大地も人生も重い。それが重力の望みだからだ。重力にあらがって鳥のように軽やかに飛び立つには、自分を愛する必要がある。

『ツァラトゥストラはこう語った』

立つことからはじめよ

20—21

自分を高める

I

飛ぶことをおぼえたければ、まず、立つことからはじめて、歩き、走り、のぼり、おどることをおぼえなくてはいけない。いきなり最初から飛ぼうとしても無理だ。

私は縄ばしごを使うことをおぼえ、たくさんの窓にのぼった。高いマストに軽々とのぼった。知のマストの高みにとどまることは、私にとって小さからぬしあわせだった。

『ツァラトゥストラはこう語った』

おとなになる

22—23

自分を
高める

I

おとなになるということは、子どもの頃、遊んでいたときのように、真剣になれることだ。

『善悪の彼岸』

高みへのぼる

自分を高める

I

人生は柱や階段でおのれを高く築きあげようとする。広大な遠景を見つめ、えも言われぬ美しさをながめたいと望む。だから、高みを求める。高みを求めるからこそ、階段が必要になる。高みを求めるからこそ、上をめざしながら踏み台になる階段と、階段なしには上にいけないのぼり手、という矛盾もかかえ込まなくてはならない。人生はのぼることを望み、のぼりながらおのれを克服しようとする。

『ツァラトゥストラはこう語った』

自分をだいじにする

自分を
高める

I

まず自分をだいじにすることからはじめてほしい。ほかのことはあとからついてくる。自分をだいじにすれば、まちがいなく、その人は他人のためのものではなくなる。これは他人にとっては許しがたい。「なに？　自分をだいじにする？」

やみくもに自分を守れというわけではない。男女の愛においても、自己と自我という二重の「私」においても、愛する者を軽蔑するのがごくふつうである——これが愛の宿命だ。

『力への意志』

じっくり考える

現在の人間はみな、経験することばかり多すぎて、じっくり考えることが少なすぎる。
ひどい空腹感と同時にひどい消化不良にもなやまされている。だから、食べても食べてもやせていく。それなのに「私はなにも経験していない」などと言う者は、みなおろかだ。

『漂泊者とその影』

生きていることは
根拠にはならない

自分を高める

I

私たちは物体や線、面、原因と結果、動と静、形と中身などを前提として、自分たちのために、自分たちが生きられる世界をつくりあげてきた。こうしたものの存在を信じなかったら、だれも生きながらえることはできない。

だからといって、その存在が証明されたわけではない。生きていることはなんの根拠にもならない。生きていること自体、あやまちを前提にしているのかもしれない。

『悦ばしい知識』

後悔しない

後悔にとらわれてはならない。
後悔などしても最初の愚かさにもう一つ愚かさを重ねるだけだ、とすぐに自分に言い聞かせよう。失敗してしまったら、今度はなにかよいことをしようと考えることだ。

『漂泊者とその影』

行動で示す

なにかを訴えたいという高潔な動機があったとしても、それは決して行動の価値を証明するものではない。
この上なく崇高な情熱につき動かされた芸術家が、おそまつな作品を生みだすこともある。

『力への意志』

苦悩が世界を切りひらく

自分を高める

I

深く苦しんでいる者は——どこまで深く苦しめるかで人間の格づけがほぼ決まるのだが——自負と嫌悪を抱いている。おそるべき確信が彼のなかにしみわたり、全身を染めあげている。

自分は苦しみによって、どんな賢者よりも多くを知っているという確信、自分は「あなたがまったく知らない」たくさんの遠いおそるべき世界に通じていて、そこを住みかとしたこともあるという確信である。

『善悪の彼岸』

広い視界で見わたす

自分を高める

I

「視界がひらけたここでは、気持ちも高まる」

だが、これとは逆の者もいる。

高みにのぼり、視界がひらけているのに、下を見下ろすのだ。


『善悪の彼岸』

公正であれ

公正さは、交換することからはじまる。どちらも相手よりいいものを得たと思えるようにすることで、両方が満足する。相手が望むものを差しだし、与え、自分も望むものを得る。

このように、公正さとは、おたがいに同程度の力があるという前提で、貸し借り、交換をおこなうことである。

『人間的、あまりに人間的』

公正のむずかしさ

「公正な人間」であろうとすれば、つねに力と権利の大きさに対してするどい感覚をもっていなくてはならない。人間がかかえるあらゆる問題はうつろいやすい。力と権利の大きさは、ときどきつりあうことがあるが、あとはたえず浮き沈みをくりかえしている。だから、公正であることはむずかしい。

そのためには、経験を重ね、生きる意志と気力に満ちあふれていなくてはならない。

『曙光』

他人のためにふるまう

忘れっぽい人間たちは、公正にふるまうそもそもの目的を忘れてしまい、何千年にもわたって、ただ、公正さを大切にしなさい、公正なふるまいを見習いなさい、と子どもに教え込んできた。

そのため、しだいに公正にふるまうことが非利己的に、あたかも人のためであるかのように見えるようになってきた。とはいえ、公正にふるまうことがこれほどだいじにされるのは、あたかも人のためであるかのように見えるからである。

『人間的、あまりに人間的』

賢くなるために

I

賢くなるためには、みずから望んで、ある種の経験をつまなくてはいけない。

つまり、経験が大きく開けた口のなかへ飛び込む必要がある。もちろんこれはとても危険なことで、多くの賢人たちが飲み込まれてしまった。

『漂泊者とその影』

偉大であれ

I

大きな苦しみを人に負わせる強さと意志をもたずに、偉大なことを達成する者がいるだろうか？

自分が苦しむだけなら大したことではない。かよわい者たちさえ、たいていはうまくやってのける。だが、人に大きな苦しみを負わせて、その苦しみの叫びを聞きつつも、内なる苦しみや迷いによって打ちひしがれないことこそ偉大である。

『悦ばしい知識』

〝生きた〟意見をもつ

意見をもつことは、池のもち主が魚を飼うことに似ている。つりにいき、運よく魚をつりあげないと、魚を飼うことはできない。意見も同じである。

ただし、これは生きた意見、生きた魚の話だ。棚いっぱいの化石、頭いっぱいの「信念」で満足する人もいる。

『漂泊者とその影』

起源を疑う

ものごとは長くつづくとみな、あとから理屈がついてくる。そうなると、もともと理屈などなかったのが嘘のようだ。だから、ものごとの起源の正確な歴史はほとんどみな、なんとなく矛盾があり、だいじなものを汚しているように感じられるのではないだろうか？

優秀な歴史家はいつも、あれはちがう、これはちがう、と思っているのではないだろうか？

『曙光』

明快さを追求する

おのれの深さを知っている者は明快さを追求し、大衆に深いと見られたい者はあいまいさを追求する。
大衆は臆病で水に飛び込めないので、底さえ見えなければ深いと考えるからだ。

『悦ばしい知識』

恥をかかせない

自分を
高める

I

あなたにとっていちばんのやさしさとは、人に恥をかかせないこと。

『悦ばしい知識』

志を高くもつ

自分を高める

I

「よい」というのは「よいこと」をされた側から生まれることではない。よいのは「よい人々」自身である。

高潔で強く、誇りも志も高い人たちが、低俗で志が低く、粗野で平凡なものと対比して、自分自身とそのふるまいを、よいもの、第一級と考え、そうさだめたのだ。

『道徳の系譜』

どんな感情でも大切に

I

意志をなくし、感情を取りのぞくこと、それができるとしたら、知性を去勢することにならないだろうか？

『道徳の系譜』

孤独のなかをいけ

自分を
高める

I

兄弟よ、愛と創造をいだいて孤独へと進むがいい。やがていつの日か、正しく評価をされることもあるだろう。
私の涙とともに孤独のなかをいくがいい。私が愛するのは、自分を超えるものを創造しようと望んで、滅びる者だ。

『ツァラトゥストラはこう語った』

苦しい人生をも肯定する

「苦しみは楽しみにまさる」「いや、その逆だ」などと言うのは、もはやあえて意志、目的、意味をもとうとしなくなった者だけである。

人生の価値は、苦しいか楽しいかなどというつまらない基準で決まることなど決してない。健全な人間ならばそう考える。たとえ苦しみがまさっていたとしても、力強い意志は存在しうるし、人生を肯定し、求めることができる。

『力への意志』

〝なんのために〟で安直に考えない

人間は遠い昔から、行動、性格、存在の価値は目的で決まると考えてきた。つまり、なんのために行動するか、なんのために生きているかで、行動や存在の価値を決めてきた。

できごとには意図も目的もないということに気づく人が増えれば、この古くからつづくやり方もついに危険な局面をむかえる。なにごとにも価値を認めない素地ができあがるのだ。

『力への意志』

いったん目的を捨てる

「意味のあるものなどなにもない」と人が陰気につぶやくとき、それは「すべての意味は目的にある。目的がまったくなければ、意味もまったくない」ということだ。

この意味づけのしかたのせいで、人間は人生の価値を、「死後」のものに置きかえたり、理想や、人類や民族の進歩、あるいは、人類を超えるものへの進歩に置きかえたりしなければならなくなった。

『力への意志』

自分を信じる

自分を信じることは、もっとも丈夫な足かせ、もっともきついむち打ちだ。だが、もっとも強い翼でもある。

キリスト教は人間が罪のない存在であることを信条とすべきだった。そうすれば人間は神になれたろう。当時はまだ自分を信じることが可能だったのだから。

『力への意志』

感情を信じる

感情は知性がものごとを解釈して、ありもしない原因に仕立てあげたものである。

からだで感じて理解できないものはみな、頭で解釈される。なぜこのように感じたり、あのように感じたりするのかという原因を、知性は人格や体験などのなかに見つけだそうとする。

『力への意志』

精神の自由

「精神の自由」、つまり、本能的に無信仰であること。

『力への意志』

我慢しない

一部の思想家たちは、禁欲に耐え、聖者のように生きることは、たぐいまれな道徳的見本だと熱心にとなえてきた。そのような生き方は奇跡だとされ、合理的に意味を説明しようとする者があらわれれば、敬意がない、冒瀆《ぼうとく》だと言われかねなかった。だが、このような禁欲を冒瀆したいという人間の衝動も、思想家たちの熱意におとらず強い。

いつの時代も、人間を動かして禁欲に反抗させたのは、自然の力強い衝動だった。

『人間的、あまりに人間的』

自分のことをもっと学ぶ

人間を知っていると思っている者よ、自分のことをもっとよく学ぶべきだ。

『曙光』

無駄には話さない

ただ黙ってさえいれば、たやすく尊敬を受けつづけることができるのに、たちどころに尊敬を失うようなことをする者もいる。

『人間的、あまりに人間的』

II

強く生きる

強くなりたい、成長したい

すべての「目的」「意図」「意味」は、ただ一つの意志が、それぞれのできごとごとに表現、形を変えてでてきたものにすぎない。ただ一つの意志とは、力への意志である。目的、意図をもつこと、一般的になんらかの意志をもつことは、強くなりたい、成長したい、また、そのための手段がほしいということである。

『力への意志』

もがきながらも前に進む

II 強く生きる

人間は地下でもがきながら生きるさだめだから、できそこないの魂のはらわたのにおい以外なら、本来、だいたいなんにでも耐えられる。なんども光のもとにあらわれでては、勝利の黄金のときを味わう。
危機にあってますます強く引きしぼられる弓のように、決してこわれず、ぴんとはりつめて、もっと遠くてむずかしい新しい的《まと》に向かって進みでるように生まれついている。

『道徳の系譜』

偶然は信じるな

偶然を信じる勝者はいない。

『悦ばしい知識』

しあわせの代わりに

あらゆる生物は、懸命に「しあわせ」を求めていると考えられている。
だが、「しあわせ」の代わりに「力」を置いてみると目からうろこが落ちる。
つまり、あらゆる生物は、懸命に力と力の増大を求めているのである。

『力への意志』

純粋に笑うこと

II

笑いというのは、やましさを感じずに他人の不幸をよろこぶことだ。

『悦ばしい知識』

勇敢に生きる

II

現在を生きる私たちは、もはや苦行で神々に取り入ろうという考えとは無縁だ、と決めつけるのはまだ早い。

勇気があれば、自分自身に聞いてみるといい。自由に考え、個人として生きていくうえでのどんなに小さな一歩も、人間が精神的、肉体的に苦しみながら戦って勝ち取ってきたものだ。

『曙光』

夢によって生きる

生きることには、めざめている部分と眠っている部分がある。めざめている部分のほうが、ずっと重要で、すぐれていて、よいもの、生きるに値するものに見える。実際、私たちはこちらの部分だけを生きているつもりでいる。それはたしかなことだ。だが、私たちの存在の根拠の不可解さを考えると、逆説のようだが、夢のほうがだいじだと言うべきだろう。
私たちの存在自体、心にうつる影のようなものにすぎないというあいまいさに比べると、それはたしかなことだ。しかし、だからこそ私は夢の価値を評価したい。

『悲劇の誕生』

自分とちがう意見を賞賛する

どんなときにも自分とはちがう意見をあえて賞賛できるようになるには、微妙かつ高潔に自分を制さなければならない。自分と同じ意見を賞賛するのは、結局、自分自身を賞賛しているだけのことで、よい趣味とは言えない。

『善悪の彼岸』

高潔さのしるし

高潔さのしるしとは。
自分の義務をみなの義務にすり替えようとしないこと。自分の責任を人に押しつけたり、分け与えたりしようとしないこと。自分の特権、また、それを行使することを義務のうちだと考えていること。

『善悪の彼岸』

権力はうまく使う

権力を行使したいという欲望があまりに大きいと、相手が見つからなかったり、うまく力を使えずに失敗をくりかえしたりして、ついには自分自身の一部を痛めつけるという手段にでる者がいる。

『人間的、あまりに人間的』

するどい批判とは

強く生きる

II

人や本に対するもっともするどい批判とは、相手の理想を描き示してやることである。

『さまざまな意見と箴言』

名誉を回復する

相手がわざとこちらに害を与えた場合、こちらの名誉は必ず傷つけられる。相手はそうやって、こちらをおそれていないことを見せつけたからである。

復讐すれば、こちらも相手をおそれていないことを示せる。そうなれば、おあいことなって名誉は回復される。

『漂泊者とその影』

公正さは利己主義から生まれる

II

公正さは、自分を守ることをしっかり考えれば、つまり、「なぜ私が骨折り損をして、どのみち自分の得にならないことをしなくてはいけないのか」と利己主義をつきつめれば、おのずと生まれる。

『人間的、あまりに人間的』

死を見すえる

II

いつかは必ず死ぬとわかれば、ゆかいな気まぐれの貴重な一しずくで、人生のすべてを楽しいものにできるはずだ。だが、「あの世」などというものをこしらえて、そこでしあわせを説くおかしな薬剤師たちが、しずくをまずい毒薬に変えてしまった。その毒薬は全人生を不快にする。

『漂泊者とその影』

自分を軽蔑するのは虚栄心のしわざ

人間はわざわざ危険な道からもっとも高い山に登り、おのれの不安や膝のふるえをせせら笑う。哲学者は禁欲、謙遜、高潔さをたたえ、そのかがやきで自分の姿をきわめてみにくく照らしだす。

このように自分を破壊し、自分の本質をあざ笑い、軽蔑されていることを軽蔑するのは、実はなみはずれた虚栄心のしわざである。宗教というものはほとんど自分を軽蔑することからなりたっている。

『人間的、あまりに人間的』

生きることを愛する

私たちは生きることを愛している。生きることに慣れているからではなく、愛することに慣れているからだ。

愛することにはいつもいくらか狂気がふくまれている。だが、狂気にもいくらか理性がふくまれている。

私も生きることを愛しているから、蝶やしゃぼん玉こそ、また、蝶のようにふわりふわりと軽やかな人間たちこそ、しあわせについていちばんよく知っているように思える。


『ツァラトゥストラはこう語った』

つまらない疑いは無視する

II

「やってみようじゃないか」と応じられる疑いならばよい。だが、試みを許さない疑いなら、私は一切聞きたくない。私の「真実であるという感覚」の範囲を超えているからだ。そこには勇気の権利がない。

『悦ばしい知識』

意見するために

自分の意見のためにむざむざと火あぶりになることはないはずである。私たちはそれほど自分の意見に確信をもってはいない。だが、人は意見をもっていいし意見を変えてもいい、という真実のためなら、おそらく死ぬだろう。

『漂泊者とその影』

義務を果たす

私たちの義務とは、他人が私たちに対してもっている権利である。なぜ他人がそんな権利をもっているのか？　それは、彼らが私たちのことを、自分たちと同じように契約したり、返済したりする能力があると見なしたからである。また、そう見なすことによって、私たちになにかをあずけ、教育し、正し、支えたからである。

自分の義務を果たすとは、こうして他人に認められただけの能力が実際にあることを示すことだ。つまり、他人に与えられた分をきちんと返すことだ。つまり、私たちは自尊心によって義務を果たすのだ。

『曙光』

友のために戦う

II

友がほしければ、その友のために戦わなくてはいけない。戦うためには、人の敵となれなくてはいけない。
友のなかに尊敬する敵を見るべきである。相手にすり寄ることなく友となることができるだろうか?

『ツァラトゥストラはこう語った』

余計な荷物を背負い込まない

私たちは与えられた重い言葉や価値をこわばった肩に背負い、けわしい山々をこえてもくもくと運んでいく。汗をかき、「まさしく人生は重き荷だ」などと言う。しかし、重いのは自分自身だ！　余計なものをたくさん背負いすぎているからだ。ラクダのようにひざまずき、荷物をつまれるままになっているからだ。

とくに謙虚で重き荷に耐えうる強い精神のもち主は、人から与えられた重い言葉や価値をあまりにもたくさん背負いこむ。もはや彼にとって人生は砂漠である。

『ツァラトゥストラはこう語った』

安易に助けを求めない

精神的に教えみちびくことは、相手の自信をうしなわせ、意志を骨抜きにする絶対確実な手段だ。
相手はどんどん仲間を、手助けを求めるようになる。つまり、彼のなかの群れを好む動物が育ちはじめるのだ。

『力への意志』

障害を乗りこえて前へ進む

意志は、ぐいぐいと前進し、ゆく手をはばむ障害をなんども乗りこえてこそ満足する。快感では決して満たされない。敵も障害もないところでは、意志は満足しようがない。
「幸福な人間」は群れを好む動物がえがく理想像である。

『力への意志』

「鳥のように自由に」なろうと望む

II

伝統や義務感から「鳥のように自由に」なること――偉大な人間はみな、この危険を知っている。だが、それを望んでもいる。大きな目標と、それを達成する手段を求めているからである。

『力への意志』

人はどうやって強くなるのか

II

人はどうやって強くなるのか？
ゆっくり心を決め、決めたことをしっかり守り通すことによって強くなる。ほかのことはあとからついてくる。

『力への意志』

一人のときこそ戦う

134—135

II

ぴりぴりした緊張状態のときや、孤立無援のときは、戦うことだ。戦いは人間をきたえ、筋肉をかたくしてくれる。

『力への意志』

苦行の目的とは

世に言う「いちばん道徳的な人物」の条件の一つは、たえず苦しみ、うばわれ、つらい人生をおくり、おのれに苦行を課しているということである。自分に苦しみを課すことが、自分をきたえ、身をつつしみ、しあわせを得る手段として有効だからではない。

祭壇の上にたえまなく贖罪《しょくざい》のいけにえをささげるのと同じで、わざわいをもたらす神々のごきげんを取り、自分の属する社会を気に入ってもらうための手段だからである。

『曙光』

笑ってみる

II

悲観してばかりの若き友よ、笑ってみたらどうだ。そうすれば、頭のなかだけでつくりあげた安らぎなど、いつしか全部、悪魔にくれてやることができるようになる――形而上学など、まっさきにくれてやるといい。

『悲劇の誕生』

考える時間と深さは比例しない

私は深遠な問題に取り組むとき、冷たい風呂につかるようにさっと入ってさっとでる。それでは充分に深くは潜れまい、というのは、水をおそれる者、冷たい水を嫌う者がつくりだした迷信だ。彼らは体験したこともなしに言っているだけである。こごえるような冷たさは、人を機敏にする。

『悦ばしい知識』

Ⅲ

人間を知る

自分なりの好き嫌いをもつ

確固たる思想をもつ二人を取りもとうと考えるのは、つまらない人間である。彼は抜きんでたものを見る目をもたない。ものごとをみな同じに見て、同じようにあつかうのは、見る目がない証拠だ。

『悦ばしい知識』

しあわせだと不安になるのは

人間を知る

III

人間は残酷なことが好きだから、神々にも残酷な光景、つまり、人間が苦しむところをお見せすれば、お祭り気分で活力を取りもどしてくださるだろう、と考える。そういうわけで、自発的に苦しむこと、みずから責苦を負うことに価値があり、意味があるという考えが、世界中にじわじわと広まっていく。そして、この考えにしたがって社会の慣習ができていく。そうなると人間は、しあわせすぎるとなにかと不安になり、つらく苦しいときこそ、これでいいのだと感じるようになる。

『曙光』

大いなる野望をいだけ

III

大いなる野望をいだく者は、出会う相手すべてを目標達成の手段、または、邪魔か障害、はたまた一時的な休憩所と見なす。高みにのぼって権力をにぎるまで、本来もっているやさしさを仲間に対して示すことはできない。

『善悪の彼岸』

だから学者は尊い

人間を知る

III

学問をするには詩を書くよりも高潔でなくてはいけない。より単純で、野心がなく、ひかえめで、ものしずかなほうがいいし、死後の名声などあまり気にしてはいられない。さらに、はたから見れば自分を犠牲にする価値などなさそうなものに、われを忘れて取り組まなくてはならない。

それに、学問のようにつねに節制が求められる仕事では、強い意志をもちにくい。詩人の心の炉のように炎を燃えさからせつづけることができない。だから、学者はたいてい詩人よりも早い年齢で全盛期を終えるし、その危険を自覚している。

どうしても派手さに欠けるため、天分に恵まれているようにも見えない。だから、実際よりもつまらぬ者に見られる。

『さまざまな意見と箴言』

裏切られる人の気持ち

味方は反対勢力につくことを決して許さない。彼らにしてみれば愛情を拒まれたうえに、相手側に情報がつつぬけになってしまうからである。

『さまざまな意見と箴言』

別れるとき

近づいていくときでなく、離れていくときに、おたがいのきずなの強さ、深さがわかる。

『さまざまな意見と箴言』

意見を人間味ではごまかせない

人間を知る

III

お粗末な意見を言ったあとで、自分の人間味を少々加えようとする人がいる。そうすれば意見の筋道がまっすぐになり、正しく説得力のあるものに変わるとでも思っているかのように。

ボウリングをする人が、球から手をはなしたあともなお、身ぶりで球筋をまっすぐにしようとするのと同じようなものである。

『漂泊者とその影』

悪者

あなたにとって悪者とは？――いつも人に恥をかかせたいと思っている者のこと。

『悦ばしい知識』

〝力〟しだいで相手は変わる

私たちの力が大きく弱まると、これまで私たちの権利を保証してきた者の気持ちも変わる。もう一度こちらをふたたび完全にわがものにしてやろうと考え、それが無理とわかると、これからはおまえたちの「権利」は認めない、となる。

私たちの力が大きく強まったときも、相手の気持ちは変わる。私たちはもはや相手に権利を認めてもらう必要はない。だが、相手は私たちの力をもとどおりに弱めようとする。ちょっかいを出したがり、自分の「義務」に訴える。

『曙光』

思想はその人自身のあらわれ

人間を知る

III

決まった木に決まった実がなるように、考え、価値観、ものごとの賛否、ふたしかなことのとらえ方などは、その人自身から生まれでるべくして生まれでたものである。

それらはその人の意志、健康、生まれ育った風土のあらわれであり、どれもたがいに結びつき、つながっている。

『道徳の系譜』

痛みに人は支配される

人間を知る

III

なにかをおぼえているためには、どうしても血と苦痛と犠牲がいる。初《うい》子《ご》をささげるというきわめておそろしい誓いの犠牲、去勢などきわめておぞましい身体を傷つける風習、あらゆる宗教のきわめて残酷な儀式——宗教というのはつまるところ残酷さの体系である——これらはみな、苦痛こそがもっとも効果的な記憶術であるという直観から生まれたものである。

『道徳の系譜』

痛みに屈しない

人間を知る

III

「記憶に残すには焼きつけるしかない。やまない痛みだけが記憶となる」これこそがもっとも古く、また、残念ながらもっとも長く唱えられている心理学の主題である。

『道徳の系譜』

見せしめに人は支配される

III

人間を知る

古いドイツの刑罰を考えてみるといい。

たとえば、伝説では罪人の頭に石臼を落としていたという石打ち。刑罰のなかでももっともドイツ的な発明で、ドイツのお家芸とも言うべき車裂き。また、串刺し、馬に引き裂かせたり踏ませたりする四つ裂き。十四、五世紀まであった油やワインの釜ゆで、「革紐づくり」と言われた人気の皮はぎ。ほかにも、胸から肉を切りだしたり、からだに蜂蜜をぬって炎天下に放置して蠅にたからせたり、ということまでおこなわれた。

人は社会で生きるという恩恵を得るために「私はしません」とみずから誓ったことを、このような刑罰の凄惨な光景の力をかりて、ようやく五つか六つ頭に焼きつけることができる。

『道徳の系譜』

好みこそが人生を決める

III

好みをどうこう言ってみてもはじまらない、とあなたは言うかもしれない。だが、人生は好みをどうこう言うことにつきる。
好みは尺度であり、秤《はかり》であり、秤《はか》り手である。尺度、秤、秤り手について論じることなく生きようとするすべての者にわざわいあれ！

『ツァラトゥストラはこう語った』

自分のことはわからない

III

私たちには自分の行動を評価するだけの十分な知識がない。また、自分の行動について客観的になることもできない。
自分のことを非難する場合であっても、裁判官ではなく、あくまで当事者である。

『力への意志』

受動的と能動的

III

「受動的」とは？——前へ行けないこと。しりごみ、逆行すること。
「能動的」とは？——力を得ようとすること。

『力への意志』

愚かな表現

「不快」と「快」は、思いつくかぎりの判断の表現方法でもっとも愚かなものである。判断自体が愚かだと言っているのではない。この表現は、裏づけを示そうとも説明をしようともせず、感情が望むか望まないかという問いに「はい」か「いいえ」で答えただけだからである。だが、やむにやまれぬ省略として、そういう表現が便利なのはたしかだ。

『力への意志』

欲求不満は生への刺激

人間をつき動かす本能、たとえば、食欲、性欲、からだを動かしたいという衝動などが満たされないとき、ふつうはそのこと自体にはなんの問題もない。生物としての感覚が声をあげ、ずきずきと痛みがうずくごとに、それが大きくなるだけのことである（悲観主義者がどう言うかは知らないが）。

この満たされない状態は、生きることにうんざりさせるどころか、むしろ、生きることへの大きな刺激になる。

『力への意志』

快、不快は結果

III

快、不快は単なる結果、なにかにともなって起こる現象にすぎない。人間は、生物としての組織のすみずみにいたるまで、強くなることを求めている。快、不快は、その追求の過程で感じることである。

『力への意志』

基礎から学ぶ

適切な時期に必要なことを学ばなかった者が、あとでそれを埋めあわせる方法など、私の知ったことではない。そのような者は自分を知らない。歩き方も知らぬまま、人生を歩んでいく。

『力への意志』

聖人について

聖人が世界史においてどう評価されるかは、実際にどんな人物かではなく、聖人でない者の目にどう見えるかで決まる。
人々は聖人を誤解した。その心の状態を見誤り、自分とはまるでちがう、ふつうの者とは比べものにならない人間ばなれした存在であるかのように考えた。そのため、聖人はたぐいまれな力を得、その力であらゆる時代のあらゆる人々の想像力を支配できるようになったのだ。

『人間的、あまりに人間的』

IV

世界は広がる

新しいものは
古いもののなかにある

世界は
広がる

Ⅳ

新しいものを最初に見つければいいというものではない。古いなじみのもの、だれもが知ってはいたが見のがしてきたものを、新しいと見なすことこそ、本当の独創的精神である。
最初の発見者というのはたいてい、気まぐれで才気のない、ごくありふれた者――例の偶然というやつである。

『さまざまな意見と箴言』

世界は底知れぬゆたかな海

192—193

世界は
広がる

Ⅳ

世界は暗い森、荒くれ猟師の娯楽場というより、私はむしろ、底知れぬゆたかな海だと考えたい。

いろとりどりの魚や蟹であふれ、神々さえも心そそられ、みずから漁師となって網を打ちたくなる。それほどまでに世界は奇妙なもの、大きなもの、小さなものであふれている。とくに人間の世界、人間の海はそうだ。私はいま、そこに黄金の釣竿をたれて言う。開け、人間の深淵よ!

『ツァラトゥストラはこう語った』

集団は狂う

1944—1955

IV

個人が狂うことはめずらしい。だが、集団、党派、民族、時代は狂っているのがふつうだ。

『善悪の彼岸』

社会より個人のほうに価値がある

1966—1970

IV

世界は広がる

慣習のみなもとには二つの考え方がある。「社会は個人より価値がある」という考え方と「長期的利益は一時的利益より優先すべきである」という考え方である。だから、社会の長期的利益は、個人のどんな利益より無条件に優先される。一時的利益はもちろんのこと長期的利益も、ときには命さえあと回しにされる。全体を優先したために個人が損をしようが、やせおとろえて死のうが、慣習は守られ犠牲は払われるべきだ。しかし、こう考えるのは犠牲者でない側だけである。

犠牲者側は、個人は社会より価値があるのではないか、また、いっときの楽しみ、一瞬の天国は、なんの刺激もない退屈な時間が延々とつづくよりずっといいのではないか、と主張する。だが、犠牲者のさけびが聞こえてくるのは、いつも手遅れになってからである。

『さまざまな意見と箴言』

格言を味わう

1998—1999

Ⅳ

すぐれた格言は時代の歯にはかたすぎる。だが、何千年経っても食いつくされることはない。しかし、いつの時代も栄養になる。
たとえ塩の味わいがうしなわれることがあっても、格言の味わいは決してそこなわれない。

『さまざまな意見と箴言』

国家とは

200—201

よい者も悪い者も、みなで毒をあおるところ、私はそれを国家と呼んでいる。
よい者も悪い者も自分を見うしなうところ、だれもがゆっくり自殺していくことが「人生」と呼ばれているところ、それが国家である。

『ツァラトゥストラはこう語った』

新しい意志を

2022—2023

世界は広がる

Ⅳ

私は人間たちに新しい意志を教えよう。これまでなにも考えずに歩いてきたこの道をいくとあらためて心に決め、そう宣言し、こそこそと現実から逃避しようとするのはやめることだ。

『ツァラトゥストラはこう語った』

価値ある〝石〟を見つけよ

哲学者は、自分の哲学の価値は全体の構造にあると考えている。だが、後世の人々は、哲学者が建物をつくるのに使った石に価値を見いだす。その石は建物がこわれたあともくりかえし、しかも、もっとうまく使われる。つまり、後世の者にとって価値があるのは、建物がこわせること、そして、こわしても使われた石の価値はうしなわれないということである。

『さまざまな意見と箴言』

自分の意見をもつ

世界は広がる

IV

たいていの者は通念や世論で着飾っていないと、存在しないも同然で、世間では無と見なされる。仕立て屋が「人は服装しだい」と言うとおりだ。しかし、例外として「服は着る人しだい」と言われるにふさわしい人もいる。こうなれば、意見は世論の受け売りではなくなり、もはや仮面、美しい衣装、おし着せのごまかしではなくなる。

『さまざまな意見と箴言』

刑罰は復讐である

まったく名誉を感じない者、また、相手を心底軽蔑しているか、心底愛している者をのぞけば、人はみな復讐する。たとえ法廷に訴えたとしても、私人として復讐したい気持ちがうしなわれたわけではない。だが、社会の一員として先々のことをよく考えると、社会に対しても、社会を尊重しない者に復讐してほしいと望む。こうして司法による刑罰は、私的な名誉と社会の名誉をともに回復することになる。つまり、刑罰は復讐である。もちろん、刑罰には復讐のもう一つの要素もふくまれている。社会による、社会を守るための反撃という要素だ。この場合、刑罰の目的は、それ以上、社会に危害が加えられるのを防ぐこと、つまり、犯罪の防止だ。このように、刑罰のなかでは復讐の正反対の要素が結びついている。

『漂泊者とその影』

罰を受けたときは

IV

あやまちを犯して罰を受けたとしても後悔する必要はない。ほかの者が同じあやまちを犯すのを思いとどまらせるため、自分はよいことをしている、と思って罰に耐えることだ。罰を受けている悪人はみな、自分は人類の恩人だと考えてよい。

『漂泊者とその影』

終わりと目的地

Ⅳ

終わりがすべて目的地ではない。旋律の終わりは旋律の目的地ではない。しかし、旋律は終わりに達しなければ、目的地にも達することはできない。これはたとえ話である。

『漂泊者とその影』

手におえない輩

問題を解決するのではなく、下手に手をだしてむずかしくし、あとをつぐ者に迷惑をかける手におえない輩がいる。ちゃんと解決できないなら、どうか最初から手だしをしないでほしいものだ。

『漂泊者とその影』

無知を認める

世界は広がる

Ⅳ

自分の無知を自分にかくそうとは思わない。たしかに、それを恥ずかしく思うときはある。だが、恥ずかしく思ったことを恥ずかしく思うときもある。

『悦ばしい知識』

ある議論

Ⅳ

A…君、もう声がかれているよ。
B…ならば私の負けだ。この話はやめよう。

『曙光』

原因か結果か

必要はなにかが生まれる原因だと思われるが、実際には、生まれた結果にすぎないことも多い。

『悦ばしい知識』

すべてを肯定する

世界は広がる

Ⅳ

存在するものはすべて取り去るべきではないし、なくてよいものなど一つもない。

『この人を見よ』

契約できない相手

224—225

世界は広がる

Ⅳ

国家は「契約」からはじまった、などという甘ったるい考え方はもはや終わったと私は思う。

命令できる者、生まれながらの「主人」、暴力的にふるまう者にとって、契約などなんの意味もない！　そのような、理由もなさけも口実もなく運命のようにやってくる者に、契約で対処しようとしても無駄だ。

『道徳の系譜』

全人類をつなぐ目的

226—227

これまで千の民族がいたから、千の目的があった。千の民族を一つにする目的だけがまだない。人類全体の目的はいまだかつて存在しない。だが、兄弟よ、人類にいまだに目的がないなら、人類自体、存在しないのではないか？

『ツァラトゥストラはこう語った』

世界は有限

世界は広がる

IV

時間がたっぷりあれば広さを測ることができ、よい秤《はかり》があれば重さを秤《はか》ることができ、強い翼があれば最果てまで飛んでいくことができ、できのよいくるみ割りがあれば断ち割ってなぞ解きができる。私の夢では世界はそういうものだった。

『ツァラトゥストラはこう語った』

新しい「価値」

世界は広がる

IV

なぜ今日、ニヒリズムがあらわれでることになったのか。私たちがこれまで信じていた価値が最後の局面を迎えたからだ。私たちの価値と理想を論理的につきつめるとニヒリズムにいきつく。ニヒリズムを体験しないと、これまでの「価値」が実際にどんな価値をもっていたかを知ることはできない。いずれ私たちには新しい「価値」が必要になる。

『力への意志』

ニヒリズムとは

ニヒリズムとは？
もっとも重要な価値がその価値をうしなうことである。目標がなく、「なぜ？」に対する答えがないことである。

『力への意志』

世界の見方は無数にある

世界は広がる

Ⅳ

「知る」という言葉があるかぎり、世界は知ることができる。だが、別の解釈で世界を見ることもできる。

世界自体に意味はないが、意味づけは無数に可能である。これが「遠近法主義《パースペクティブ》」だ。

『力への意志』

V

知を疑う

〝こうあるべき〟はつまらない

V

こうあるべき人間、という言い方は、こうあるべき木、というのと同じでつまらない。

『力への意志』

決まった一つの道などない

V

「これは私の道です。あなたのは？」

道を聞いてくる者たちに私はこう答えた。決まった一つの道――そんなものは存在しない。

『ツァラトゥストラはこう語った』

道徳は価値あるものの価値をうばう

最高で最善の状態のものから、すべての名誉と価値をうばい去るつもりなら、これまでどおり道徳を語りつづけることだ。

よいことをする満足感、心の平和、公正さ、因果応報など、道徳の旗をかかげて朝から晩まで説くといい。そうすれば、これらのよいものはみな、もてはやされるようになる。だれもが声高にそれをたたえはじめる。

そうなると、そのなかの金のようにかがやく部分はすりへっていき、それればかりか鉛に変わってしまう。まさに逆錬金術、あなたはもっとも価値あるものの価値をうばう達人である。

『悦ばしい知識』

道徳は一つではない

V

今日のヨーロッパの道徳は、家畜と同じく、集団を守ることを最優先する道徳である。これはたんなる道徳の一つの形にすぎない。
このほかにもたくさんの道徳がある。また、そのなかでもひときわ高潔な道徳というものがあるはずだし、あるべきである。

『善悪の彼岸』

道徳は知ったかぶりをする

V

道徳は知ったかぶりをしている、つまり、「善悪」とはなにかわかっているふりをしている。
要するに、人間には目的と運命があり、それがなにかを知っている、と言いたいのだ。

『力への意志』

知れば知るほど

V 知を疑う

科学の進歩により、これまで「よく知って」いたことがどんどん未知のものになっていく。しかし、科学がもともと求めているのは逆のことで、未知のことからよく知っているものをみちびきだすことだ。

つまり、科学のいきつくところは最高の無知、ものごとを「知る」ことなどまったくできないという思いである。「知る」ことを夢見るなど思いあがりであり、「知る」ことができるかもしれないとちらりと考えることすらできない、要するに、「知る」こと自体が矛盾しているという思いである。

『力への意志』

〃道徳〃を疑え

V

道徳的、倫理的であるということは、先人がつくった決まりや慣習にしたがうことである。しぶしぶ受け入れているか、進んでしたがっているかはどうでもよく、したがってさえいればいい。

遠い祖先からの遺伝で、まるで生まれつきそうであるかのように、進んでやすやすと道徳的にふるまう者、どんな慣習にもしたがう者は「善」とされる。

『人間的、あまりに人間的』

禁欲の正体

V

人間は、わざわざ自分にきびしい要求をつきつけ、自分を踏みにじってよろこぶ。さらには、容赦なく要求をつきつけてくる自分のなかのこの力を神格化して、真の快楽を味わう。

禁欲的道徳を実践するとき、人間は必ずおのれの一部を神としてあがめる。そのためには、残りを悪魔としなければならない。

『人間的、あまりに人間的』

〝影〟の克服

知を疑う

V

ブッダの死後も、その影は何世紀にもわたって洞窟のなかに残っている。とてつもなく大きく、ぞっとするような影が。
神は死んだ。しかし、人間のありようを考えれば、数千年を経たいまでも神の影が残る洞窟があることだろう。そして、私たちはいまだに神の影を克服しなければならない！

『悦ばしい知識』

奇跡とは

知を疑う

V

奇跡とされていたものは、実は、さまざまな条件によって起こった複雑なできごとにすぎない。
精神的世界でも物理的世界でも、ほとんどいたるところで、人はそのようにうまく説明をつけてきた。

『人間的、あまりに人間的』

意志なく見ることはできない

V

意志のない「純粋な理性」や「絶対的な精神性」というものがもしあるならば、現実とはまったくちがう目を想定しなくてはいけない。どちらを向くこともなく、見たものを解釈する力もない目だ。
能動的に解釈する力がなければ、目にうつったものを見ることはできない。

『道徳の系譜』

本を読む怠け者

V

知を疑う

私は本を読む怠け者が嫌いだ。本読みがどういう者か知れば、だれも彼らのためになにかしてやろうとは思わなくなるだろう。こういう本読みたちの時代があと一世紀もつづけば、精神自体が悪臭をはなつようになる。だれもが本を読むことなどおぼえたら、ゆくゆくは書くことだけでなく考えることも堕落していく。

『ツァラトゥストラはこう語った』

生きることを神聖化しない

V

「盗んではならない。殺してはならない」かつてはこのような言葉が神聖とされ、人はその前でひざまずき、頭をたれ、靴をぬいだ。だが、この世にこの神聖な言葉ほど盗み、殺しをおこなった者があるだろうか？

生きること自体、盗みや殺しをふくんでいないか？　そして、このような言葉を神聖とすることで、真実そのものを殺してしまったのではないか？

『ツァラトゥストラはこう語った』

にせの人生

なにが善であるかを知っているつもりの善人たちがあなた方に教えてきたのは、にせの岸辺、にせの安全だ。あなた方は善人の嘘のなかに生まれ、そこに押し込められてきた。
すべては善人の手によって嘘でぬりかためられ、なんどもねじまげられてきた。

『ツァラトゥストラはこう語った』

デカダンス

V

堕落、おとろえ、ごみなどを非難すべきではない。人生はいやでも成長の果てにそこへいきつく。人生のよい面、進歩する面と同じく、そういうデカダンなものも必要である。人間はそれをなくせる立場にはない。むしろ、理性はそれらを正当に評価せよと言う。

『力への意志』

〝進歩〟という嘘

V 知を疑う

進歩──だまされてはならない！　ときはどんどん進んでいくので、私たちはすべてがみな進んでいくものだと思いたがる。発展とは前に進むことだと思い込んでいる。分別ある者も、たいていはこの思い込みに迷わされる。しかし、十九世紀は十六世紀に比べて必ずしも進歩していないし、一八八八年のドイツ精神は一七八八年のドイツ精神に比べてむしろ後退している。

「人類」は進歩していないし、存在さえしていない。あらゆる面で、とてつもなく大きな実験室のなかのできごとに似ている。すべての時代を通していくつかの成功がぽつりぽつりと記録される一方で、数えきれない失敗がある。そこには秩序も論理も協力も義務もない。

『力への意志』

天国は心の状態

V

天国とは心の状態であって、天上にある国ではない。何年何月何日という特定の日に「くる」わけでもない。きのうはなくても、今日はそこにあるかもしれない。

それは「個人の内面の変化」であり、いつでも起こりうるし、いつもまだ起こっていない。

『力への意志』

道徳という仕組み

V

神は、実際には、あらゆる者のうちでもっとも道徳をおかしていながら、本来の神、よき神でありつづける方法を心得ている。

『力への意志』

道徳の型にはまり込む者

V

道徳的な者はおとった人間である。一個の「人格」ではなく、いったん決められた型にはまり込み、それを自分の価値としているからだ。独立した自分の価値はもっていない。比較の対象にはなるし、同等の人物を見つけることもできるだろうが、決して独立した個人とは言えない。

『力への意志』

徳を跳びこえる

V

徳などたやすいことと知った者は、徳を笑う。高潔でありながらまじめであることはできない。いったん徳を手にした者はそれを跳びこえる。どこへ？　悪魔的な世界へ。

『力への意志』

邪悪な者にも善がある

V

善人は群れを好む動物のようなものだから尊敬しない。私たちは知っている。もっとも邪悪で、悪意に満ち、冷酷な者のなかにも、きわめて貴重な黄金の一しずくのような善がえてしてかくれていて、ただの甘ったるい親切心をいくらならべてもそれにはかなわないことを。

『力への意志』

神は〝思考禁止令〟

神とは、私たち考える者に対しての大ざっぱな答えであり、まずい料理である。結局のところ、私たちへの大ざっぱな禁止令である。考えるな！と言うのだから。

『この人を見よ』

VI

愛すること

人間愛

私の人間愛とは、相手の気持ちを思いやることではなく、自分が相手を思いやることに耐えることである。

つまり、たえまない自己克服である。

しかし、私が望むのは孤独だ。本来の状態を取りもどし、自分に返って、自由で軽く陽気な空気を吸いたいのだ。


『この人を見よ』

許しを超える愛

286—287

VI

友人に悪いことをされたら、こう言うことだ。「私にしたことは許す。だが、君が君自身にしたことを許せようか？」大いなる愛はみな、こう語り、許しやあわれみを乗りこえる。

『ツァラトゥストラはこう語った』

望みをもち、自分を愛する

愛すること

VI

自分が望むことをすることだ。だが、第一に、望みをもつ人間になろう。
自分を愛するように周りの人を愛することだ。だが、第一に、自分を愛そう。大いなる愛、大いなる軽蔑をもって。

『ツァラトゥストラはこう語った』

愛しているのは自分だけ

VI

男も女も、おたがいのことを自分につごうよく誤解している。どちらも、うやまい、愛しているのは実のところ自分だけ――もう少し人聞きよく言うなら自分の理想だけ――だからだ。そういうわけで、男はおだやかな女を好む。だが、女というのはそもそもおだやかでない。猫と同じで、どんなにおだやかに見せようと練習してもそうはなれない。

『善悪の彼岸』

きれいごと

VI

これまで聞いたなかでいちばんのきれいごと。
「真の愛においては魂が肉体を包み込んでいる」

『善悪の彼岸』

愛のあかし

ある人が言った。
「ある二人の人物について、私はとことん考え抜いたことがない。私が彼らを愛しているあかしだ」

『漂泊者とその影』

愛するものと距離をおく

Ⅵ

自分が認め、評価したいものには、少なくともいっとき別れを告げたほうがいい。
街をはなれてはじめて、塔が屋根の上にいかに高くそびえていたかがわかる。

『漂泊者とその影』

自分の愛し方

VI

自分を愛せと言われても、今日明日にはできるようにはならない。それどころか、自分を愛するのは、あらゆるもののうちでももっとも繊細で巧妙な究極の技術、もっとも根気がいる技術である。自分のもち物はみな、自分からは見えにくいところにうまくかくされている。だから、宝さがしをするとき、自分のものを掘りだすのはいちばんあとになる。

『ツァラトゥストラはこう語った』

感覚を愛する

Ⅵ

感覚を愛してもかまわない。私たちはあらゆる感覚を、多かれ少なかれ精神的なもの、芸術的なものにしてきた。

これまで感覚は、有害で危険なものだとひどく非難されてきたが、私たちはそのすべてを愛する権利がある。

『力への意志』

大きな愛

VI

ゆたかな人格と充実した自分があふれだし、おしみなく与えられるという大きな犠牲によって、なおかつ本能が健康で、自分を肯定することによって、大きな愛が生まれる。

『力への意志』

永遠を愛する

一度起こったことがもう一度起こってほしいと思ったことはあるだろうか。

「しあわせよ、おまえが気に入った！　ときよ、もう少しとどまってくれ」と言ったことはあるだろうか。それならば、あなた方が望んだのは、すべてがもどることである。すべてがもう一度、永遠にもどることである。なにもかもからまりあい、とらえあい、魅入られあっている——あなた方はその世界を愛したのだ。

永遠の者たちよ、世界をいつまでも愛しつづけることだ。そして、苦しみにもこう言ってやるといい。いけ、だが、もどってこい、と。なぜなら、苦しみもまたよろこびであり、すべてのよろこびは永遠を望むからである。

『ツァラトゥストラはこう語った』

Ⅶ

心を休める

理由は苦しみを楽にする

VII

理由や目的がわからぬまま、人間はみななんらかの形で、少なくとも檻に閉じ込められた動物のように生理的に、自分について悩み、理由に焦がれている。理由は苦しみを楽にしてくれるからだ。

『道徳の系譜』

楽しみのなかで考える

だいたいにおいて知性とは、陰気くさくてあつかいにくく、きしんだ音を立ててなかなか動かない機械のようなものだ。人はこの機械をつかって、ものごとをじっくり考えたいとき、「まじめに考える」と言う。なんとめんどうな！

愛すべき獣、人間は、じっくり考えるたびに落ち込んで見える。つまり、「まじめ」になる。このまじめな獣はあらゆる「悦ばしい知識」に偏見を抱いていて、「笑いと楽しみのあるところでは思考はまずしい」と思っている。

さあ、これが偏見であることを証明しようではないか。

『悦ばしい知識』

自由を手に入れる

312
—
313

自由を獲得したしるしとは？――もはや自分に対してなにごとも恥じないこと。

『悦ばしい知識』

読書は気晴らし

Ⅶ

私の場合、読書はみな気晴らしで、もはやまじめに考えるようなことではない。あらゆるもののなかでも読書はとくに、私を自分自身から解放し、未知の知識や未知の人たちのなかを散歩させてくれる。まさに真剣勝負からの気晴らしである。

『この人を見よ』

非礼な読者

316—317

VII

読者は作者に対して二重の意味で非礼である。一作目に比べると二作目はいいですねとか、あるいはその逆のことを言ってほめ、そのうえ礼を言ってもらおうというのだから。

『さまざまな意見と箴言』

正直な本

正直な本は読者を正直にする。少なくとも、本来ならずるがしこく慎重にかくしおおせていたはずの憎しみや反感をさそいだす。そもそも人間は、人相手には遠慮がちでも、本相手には容赦ないものだ。

『さまざまな意見と箴言』

宇宙を旅せよ

Ⅶ

おのれの内にある星がみな、ぐるぐると同じ軌道をめぐっているような思想家に、さほど深みはない。おのれの内に銀河を抱き、その広大な宇宙を探索する者ならば、すべての銀河がいかに不規則に動くか知っている。彼らは先頭に立って、存在の混沌と迷宮へと踏み込んでいく。

『悦ばしい知識』

気がめいるとき

VII

おそらく哲学者はみな、「私のお粗末な論理が認められないからって、知ったことじゃない」と気がめいるときがある。そんなとき、いたずら好きの小鳥が彼の前をひらりと飛んで、こうさえずる。「オマエナンカ、シッタコトジャナイ」

『悦ばしい知識』

伝える相手を選ぶ

VII

人はものを書くとき、理解されることだけを望むわけではない。同じくらい、理解されないことも望んでいる。理解できないと言われても、それは必ずしも批判されたということではない。おそらくそれも著者のねらいのうちである。つまり、「一般大衆」には理解されたくないということだ。高貴な精神と趣味のもち主は、自分を伝えたいときには相手を選ぶのである。

『悦ばしい知識』

夜に見る夢

たいていの夢はできそこないだが、ごくまれに完璧になることがある。そういう夢は、なにかを象徴するような場面や印象がつらなっていて、ちゃんとした物語があるわけではない。詩的な大胆さといさぎよさで、私たちの体験や望み、現在の状態を封じ込めてしまうので、朝になって思いだすと、いつも自分自身に驚く。夢のなかで芸術性を使いすぎてしまい、日中さえないことも多い。

『漂泊者とその影』

おもしろくなければ

Ⅶ

夢は見ないときもあるが、見れば必ずおもしろい。めざめているときも同じようにあるべきだ。めざめていないときもあるが、めざめていれば必ずおもしろい、というのがいい。

『悦ばしい知識』

良心の痛み

VII

外に発散されない本能はみな内に向けられる。私はこれを人間の内面化と呼ぶ。こうしてできあがったのが、のちに「魂」と呼ばれるものだ。もともと二枚の皮にはさまれただけでうすっぺらだった内面は、本能が外へ発散されなくなった分ふくれあがって、深く、広く、高くなった。

政府は刑罰をはじめとするおそるべき堤防を築き、自由を求める個人の原始的本能をよせつけまいとしたので、自由気ままに生きていた人間の本能はみな、本能のもち主自身へと逆流した。

敵意、残酷さ。迫害し、攻撃し、変革し、破壊するよろこび――これらがみな自分に返ってくることになった。「良心の痛み」はこうして生まれたのである。


『道徳の系譜』

失敗も糧になる

VII

良心の痛みというのは、正しい判断をゆがめる目ではないだろうか。失敗は、失敗だからこそ大切にする——そのほうが私の道徳にかなう。

『この人を見よ』

病気も刺激になる

Ⅶ

不健康な者はたいてい健康になれないし、そもそも健康になる気がない。逆に、多くの健康な者にとっては、病気は生きるための、さらに言えば、より旺盛に生きるための強力な刺激にさえなりうる。

『この人を見よ』

自分だけの徳をもつ

心を休める

Ⅶ

あなたの美点は、なれなれしく名前をつけることなどできないような高潔なものであってほしい。そのことを話すとき、どもってしまっても恥じることはない。どもりながらこう言うのだ。

「これが私にとっての善です。大好きです。とことん気に入っています。このままのこれだけがほしいのです。神の掟とちがっていてもかまいません。人間の法律や義務とちがっていてもかまいません」

『ツァラトゥストラはこう語った』

しあわせを生みだす小さなもの

Ⅶ

もっとも小さく、やさしく、軽いもの——トカゲがかさこそと動く音、息、そよ風、ちらりと投げられた視線——そういう小さなものこそ、まぎれもなく最高のしあわせを生みだす。それも、ごくしずかに！

『ツァラトゥストラはこう語った』

自由に選ぶ

道徳において抑圧され、消し去られたもの――異教、支配者の道徳、趣味のよさ。

『力への意志』

からだは大切

342―343

生物としての機能こそもっとも重要なものであり、美しさや高潔さなど、意識にまつわるすべての問題より百万倍大切である。意識など、生物的機能をうまくはたらかせる道具として役立つほかは、余分なものである。精神、魂、心、善、徳など、意識全体はなんのためにあるのか？　それは、栄養摂取や成長など、生物としての基礎的な機能が、可能なかぎり完璧にはたらくための手段である。つまり、生命として成長するための手段である。

だから、私たちが「からだ」「肉体」と呼びならわしているものは、意識などおよびもつかないほど大切なのだ。あとはただのおまけである。生命の鎖をつないでいくこと、しかも、だんだん強くしていくことこそ、生きている者のつとめだ。

『力への意志』

くりかえしたいと思う
人生を生きる

Ⅶ

この大地に生きるのは、無駄なことではない。ツァラトゥストラとともにすごした祭りの一日が、私に大地を愛することを教えてくれた。
「これが人生だったのか?」私は死に向かって言うつもりだ。「ならば、もう一度!」

『ツァラトゥストラはこう語った』

ニーチェ年表

1844年　0歳

10月15日、プロシャ、ザクセン州レッケンに、牧師の長男として生まれる。

1858年　14歳

名門プフォルタ学院に編入学。

1864年　20歳

プフォルタ学院を卒業し、ボン大学に入学。神学、古典文献学を専攻。

1865年　21歳

ライプツィヒ大学に移る。古典文献学に専攻を絞る。この頃、ショーペンハウアー『意志と表象としての世界』を初めて読む。

1867年　23歳

プロシャ・オーストリア戦争が前年に起こり、ナウムブルクで兵役に就く。

1868年　24歳

訓練中に落馬して負傷。除隊。ライプツィヒで初めてワーグナーに会う。

1869年　25歳

リッチュル教授の推薦によって、バーゼル大学員外教授に就任。

1870年　26歳

正教授に昇任。

1872年　28歳

『悲劇の誕生』刊行。

1873年　29歳

『反時代的考察』第1篇刊行。

1874年　30歳

『反時代的考察』第2篇、第3篇刊行。

1876年　32歳

『反時代的考察』第4篇刊行。第1回バイロイト祝祭劇でワーグナーの「ニーベルングの指輪」を聴き、幻滅する。10月、体調が悪化したため、バーゼル大学を休職する。

1878年　34歳

『人間的、あまりに人間的』刊行。この書にはワーグナーと決別する意志が書かれていた。ワーグナーに献本し、絶縁する。

1879年　35歳

『さまざまな意見と箴言』刊行。バーゼル大学を辞す。

1880年　36歳

『漂泊者とその影』刊行。

ドマット療養所に入院。その後、イェーナ大学付属病院に転院。

1890年 46歳

5月、イェーナ大学付属病院を退院する。これより母の死まで、ナウムブルクで母の介護のもとで生活する。

1895年 51歳

『反キリスト者』『ニーチェ対ワーグナー』が公表される。

1900年 55歳

8月25日午前、ワイマールで肺炎のため死去。28日、故郷レッケンの墓地に葬られる。

1901年

『力への意志』刊行。

1906年

ニーチェの妹エリーザベトが編集し、初版から大幅に改訂された『力への意志』刊行。

1908年

『この人を見よ』刊行。

1881年 37歳

『曙光』刊行。

1882年 38歳

4月、ローマでルー・ザロメと知りあい、求婚するものの断られる。『悦ばしい知識』刊行。

1883年 39歳

『ツァラトゥストラはこう語った』第1部、第2部刊行。

1885年 41歳

『ツァラトゥストラはこう語った』第4部刊行。

1886年 42歳

『善悪の彼岸』刊行。

1887年 43歳

『道徳の系譜』刊行。

1888年 44歳

『偶像の黄昏』を編集。『反キリスト者』『ニーチェ対ワーグナー』を執筆。10月15日、44歳の誕生日より、自伝『この人を見よ』の執筆に着手し、完成させる。この頃よりニーチェの評価が高まっていく。

1889年 45歳

1月3日頃、トリノで昏倒。フリー

参考文献

『悲劇の誕生』
『ツァラトゥストラはこう語った』
『人間的、あまりに人間的』
『善悪の彼岸』
『さまざまな意見と箴言』
『道徳の系譜』
『漂泊者とその影』
『この人を見よ』
『曙光』
『力への意志』 他
『悦ばしい知識』

『知の教科書 ニーチェ』清水真木（講談社）
『ニーチェとの対話 ツァラトゥストラ私評』西尾幹二（講談社）
『ニーチェからの贈りもの ストレスに悩むあなたに』
ウルズラ・ミヒェルス＝ヴェンツ編（白水社）
『ニーチェ入門』竹田青嗣（筑摩書房）
『ニーチェ ツァラトゥストラの謎』村井則夫（中央公論新社）
『ニーチェの遠近法』田島正樹（青弓社）

本書は「ニーチェ　道をひらく言葉」
（二〇一〇年五月弊社刊）を再編集したものです。

孤独の愉しみ方
森の生活者ソローの叡智

ヘンリー・ディヴィッド・ソロー 著
服部千佳子 訳

定価：1300円＋消費税
341ページ

「楽しみにお金のかからない人が、最も幸福です。」
150年の超ロングセラー、
シンプルに生きる大切な教え

孤独を愉しむ方法、人間らしく生きる方法、シンプルに暮らす大切さについて、150年前、アメリカの森の中の湖の畔で、小屋を建てて自給自足の生活をしながら遺した思索家の言葉を、わかりやすくいまに生きる人に向けて編集しました。

ガンジー、キング牧師を動かし、環境保護運動のバイブルともなり、世界を変革した言葉は「森の生活者」の孤独な時間から生まれました。心豊かに生きる秘訣がこの本には書かれています。

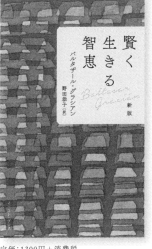

ニーチェ 道を照らす言葉 ―新版

二〇二一年三月一六日　初版第一刷発行

著者　フリードリヒ・ヴィルヘルム・ニーチェ
翻訳協力　株式会社トランネット
DTP　臼田彩穂
編集　黒田千穂
発行人　北畠夏影
発行所　イースト・プレス
〒一〇一-〇〇五一
東京都千代田区神田神保町二-四-七久月神田ビル
電話　〇三-五二一三-四七〇〇
FAX　〇三-五二一三-四七〇一
https://www.eastpress.co.jp
印刷所　中央精版印刷株式会社

ISBN978-4-7816-1966-8